W0357082

animaremma

Camping Village ★★★★
CIELOVERDE

Microcosmi
della natura
2

Fotografie di Ilario Uvelli

Ilario Uvelli
non è un professionista
dell'obbiettivo, piuttosto
un innamorato di
Maremma e della natura
che ha circondato
la sua vita.
Le immagini infatti
fanno parte della
quotidiana osservazione
di quanto lo circonda.
Sa cogliere quegli
attimi decisivi
che trasformano
una fotografia
in un racconto
appassionato.

Indice

Produzione C&P Adver > Mario Papalini

Grafica Rossella Cascelli, Stefano Cherubini

Fotografie Ilario Uvelli

Revisione testi Giacomo Radi

edizioni effigi

2012

Via Roma 14, 58031 Arcidosso (GR)
Tel. e Fax 0564 967139
cpadver@mac.com
www.cpadver-effigi.com

Introduzione

Terra ribelle, come i briganti che la abitarono nei secoli scorsi, la Maremma è quella vasta area d'Italia lambita dal Mar Tirreno tra Toscana e Lazio, a sud di Rosignano Marittimo sino oltre Civitavecchia. E proprio come i suoi anziani abitanti è una terra severa che ha resistito e lottato per mantenere la sua identità che ancora oggi è possibile osservare nelle lussureggianti aree umide e nella fitta macchia mediterranea, espressione di quella Maremma amara che piegò per lungo tempo l'uomo. Le grandi bonifiche apportate dai Lorena a partire dalla prima metà del 1800 hanno forgiato il territorio inospitale per l'uomo, trasformando le paludi in terre coltivabili e debellando l'incubo della malaria. Nonostante questo la Maremma presenta ancora oggi la sua natura fatta di paesaggi aspri e selvaggi ricchi di flora e fauna come in poche altre zone della nostra penisola. Anche se in parte trasformata e bonificata dall'uomo, la natura non ha mai abbandonato questa terra ed è possibile anche oggi scorgere nei campi le averle capirosse combattere per il territorio o sentire nelle calde serate primaverili, le raganelle cantare dai fossi ancora in buona parte privi di tossici inquinanti.
Terra di compromesso e di paesaggio, di natura indomita e uomo volenteroso, indissolubilmente legati in un abbraccio di equilibri a volte precari e delicati.
Questo volume vuole raccontare proprio il lato naturale di questa terra ed in particolare di alcuni degli animali che la abitano, i veri protagonisti della Maremma, attraverso istantanee colte attraverso gli occhi di un fotoamatore appassionato.
Le foto presenti sono state realizzate per la grande

maggioranza nella Riserva naturale della Diaccia Botrona, un luogo tra i più fascinosi della Toscana, e nel Parco dell'Uccellina, forse la Maremma più autentica ancora oggi osservabile.
E proprio questa unicità storica e ambientale italiana, fa delle terre di Maremma un bene prezioso, un patrimonio ambientale unico, da accudire con la stessa enfasi con cui in passato lo si è modificato per renderlo tale. Non solo la ricchissima fauna e flora del luogo ne trarranno giovamento, ma anche gli uomini ed i passanti che la vivono e la assaporano oggi, potranno continuare anche in futuro a "berne" i colori e gli intensi, unici, profumi.

Giacomo Radi

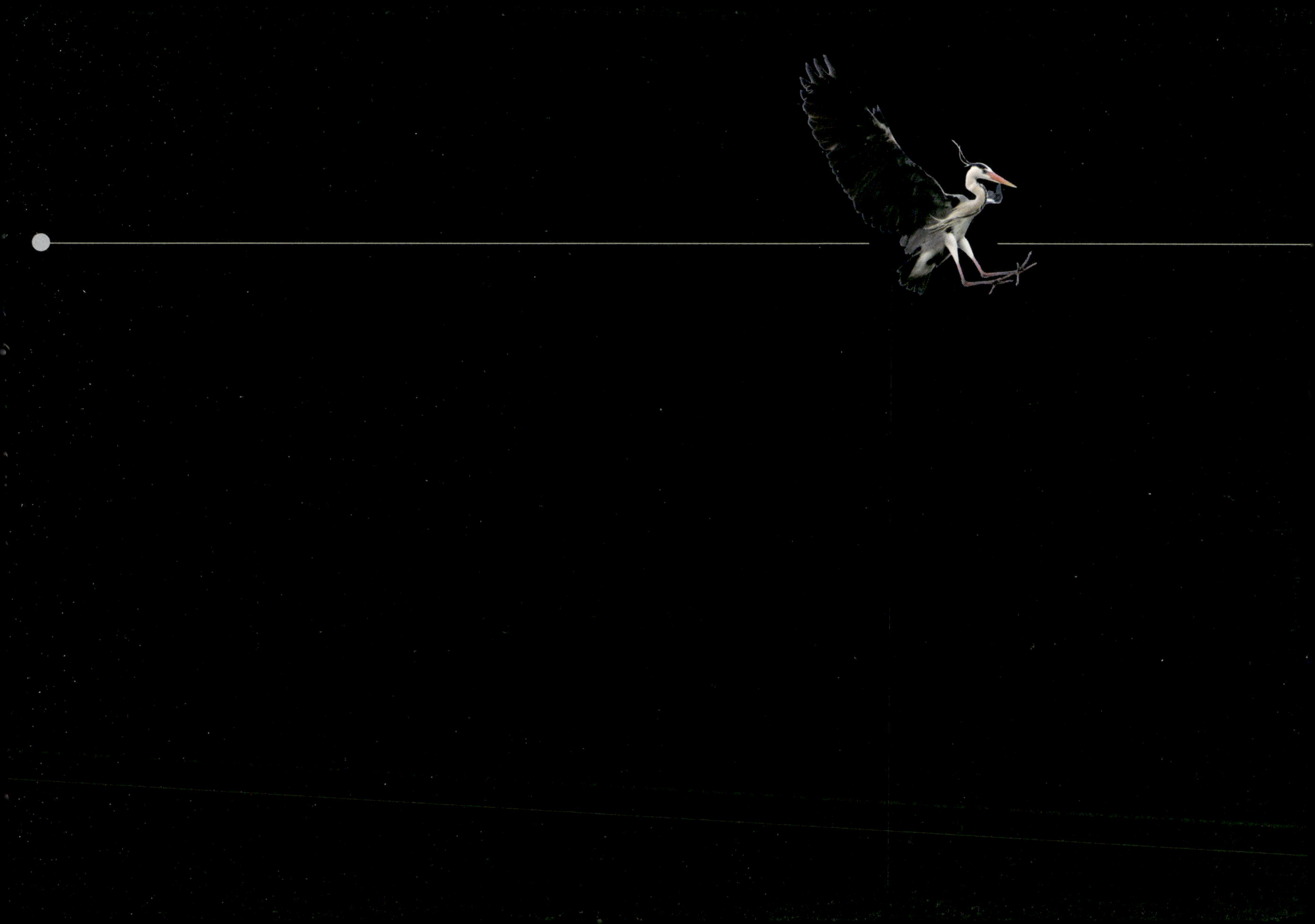

La Riserva naturale
Diaccia Botrona

La *Riserva naturale Diaccia Botrona* è un'area naturale protetta della Toscana che occupa una parte della pianura compresa tra la città di Grosseto e la località costiera di Castiglione della Pescaia includendo la vasta zona palustre compresa tra il fiume Bruna ed il tratto di pineta lungo la strada Castiglione-Marina di Grosseto, oltre alla pineta stessa.
Il territorio si presenta come l'ultimo lembo del Padule di Castiglione, inizialmente occupato da un seno marino (Porto Traiano dei Romani) e poi lago e laguna. L'area protetta è ciò che rimane dell'antico Lago Prile o lago Preglio, (lat: *Lacus Prelius* et *Lacus Prilius* vel *Lacus Prilis*) vastissimo bacino lacustre che nei secoli scorsi occupava quasi interamente questa zona di pianura e che è stato in gran parte prosciugato a seguito delle grandi opere di bonifica iniziate dai Lorena nel Settecento, attraverso lavori di canalizzazione delle acque per eliminare definitivamente la malaria. L'area è stata dichiarata zona umida di valore internazionale secondo la Convenzione di Ramsar del 1971 e rientra fra i biotopi di rilevante interesse vegetazionale, meritevoli di conservazione in Italia, censiti dal *Gruppo di lavoro per la conservazione della natura* della Società Botanica Italiana e dal Programma di Ricerca Territoriale sulle Aree Naturali da proteggere, eseguito dal CNR e dal Ministero dei Lavori Pubblici. Negli ultimi anni è risultata la zona umida più importante della Toscana per lo svernamento di anatidi; di grande importanza anche per la nidificazione di ardeidi e *Circus aeroginosus*.

La Riserva è situata nella parte centrale della Provincia di Grosseto, lato mare ad una distanza di circa 5 km in linea d'aria da Grosseto.
Il territorio si presenta come l'ultimo lembo del Padule di Castiglione, inizialmente occupato da un seno marino (Porto Traiano dei Romani) e poi lago e laguna: la Riserva naturale include la vasta zona palustre compresa tra il fiume Bruna ed il tratto di pineta lungo la strada Castiglione-Marina di Grosseto, oltre alla pineta stessa.

La palude è divisa nelle due zone, di diversa ampiezza, della Diaccia e della Botrona dall'argine che congiunge *Casa Ximenes* ai Ponti di Badia, presso l'*Isola Clodia*.
La zona più vicina al fiume Bruna ha meglio conservato le caratteristiche di palude d'acqua dolce, mentre la parte restante si è nel tempo trasformata in una laguna salmastra, con conseguenti modificazioni nella vegetazione e nella fauna ospitata.

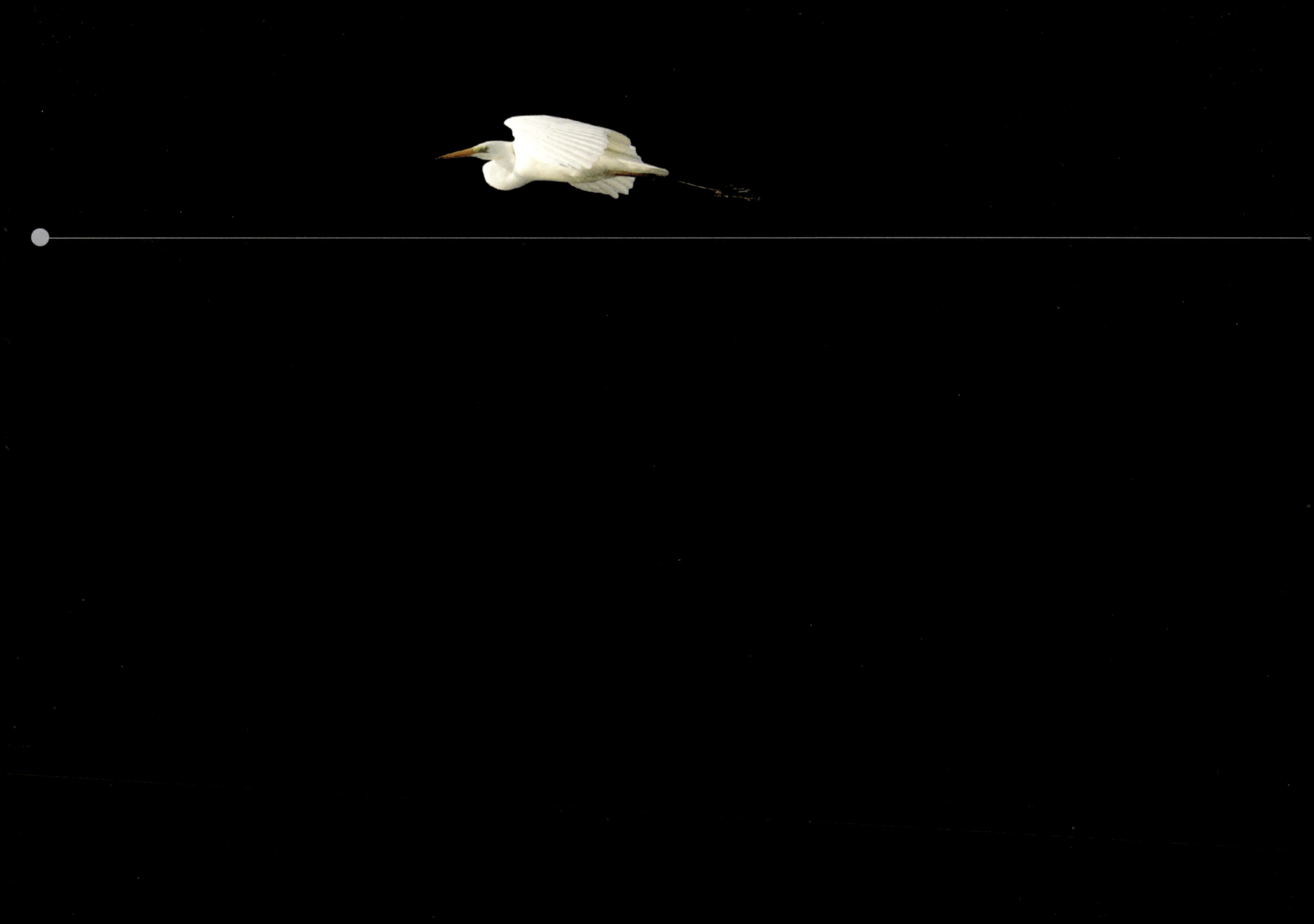

Immagini *di* Maremma

Animaremma

Airone bianco maggiore

L'*Airone bianco maggiore* (*Casmerodius albus*) è il più grande rappresentante degli Ardeidi presente in Italia ed in Europa. Questo elegante airone dal piumaggio interamente candido presenta zampe molto lunghe e scure che tiene estese durante il volo e un becco di colore giallo; questi due caratteri, assieme alla dimensione, lo distinguono immediatamente dagli altri due aironi presenti in Maremma: la Garzetta e l'Airone guardabuoi.
Frequenta ambienti umidi, specialmente i canneti, le praterie umide, le rive di laghi e fiumi; nidifica preferibilmente nei canneti a Phragmites australis ma talvolta anche sugli alberi in colonie assieme ad altre specie di ardeidi (Garzaie). Durante il periodo riproduttivo il becco assume una colorazione nerastra, le zampe intensificano la colorazione fino ad apparire rossastre e sul dorso si sviluppano le penne estendendosi come un ventaglio sulla parte inferiore del dorso. Si nutre generalmente di pesci, ma anche di insetti, anfibi e rettili; occasionalmente cattura anche piccoli mammiferi (roditori come Arvicole terrestri o piccoli di Nutria) o nidiacei di uccelli.
In Italia è considerata specie migratrice regolare e in seconda istanza svernante e nidificante (dagli anni novanta) in Nord Italia e Delta del Po.
In Maremma è presente tutto l'anno, ma non è nificante (estivante).

Airone cenerino

L'*airone cenerino* (*Ardea cinerea*) è probabilmente l'airone per antonomasia nell'immaginario collettivo. Originario delle regioni temperate del Vecchio Mondo, oltre che dell'Africa, è la specie di airone che si spinge più a nord, tanto che in estate è facile incontrarlo lungo le coste norvegesi, ben oltre il circolo polare artico. Di ragguardevoli dimensioni, da adulto può raggiungere una statura di 90-98 centimetri e con un'apertura alare di circa 170 cm. Come descrive il nome della specie questo uccello ha un bel piumaggio di colore grigio cenere sulla parte superiore e bianco in quella inferiore con piume nere sul collo e un ciuffo nucale nero molto evidente che si diparte dalla sommità posteriore e superiore dell'occhio. I giovani sono pressoché uniformemente grigiastri. Il periodo riproduttivo inizia molto presto; già a Febbraio gli adulti cominciano a costruire il nido per deporvi le uova, generalemente 4 - 5, dalla metà di Marzo. Questa specie, come gli altri ardeidi, ha un'ampio spettro alimentare nutrendosi di pesci, anfibi, rettili e in minor misura di uccelli e mammiferi. In Maremma l'Airone cenerino è migratore, svernante e nidificante; parte della popolazione è sedentaria.

Airone guardabuoi

L'*Airone guardabuoi* (*Bubulcus ibis*) è il più piccolo degli aironi bianchi presenti in Europa. Il suo areale comprende gran parte dell'Asia, dell'Africa, delle Americhe e dell'Europa meridionale.
A partire dalla metà degli anni '80 del secolo scorso l'Airone guardabuoi si è insediato da prima in Sardegna per poi colonizzare gran parte del territorio nazionale. In Toscana ed in Maremma è oggi nidificante con nuclei piuttosto consistenti. Ha un piumaggio bianco e collo corto, becco giallo e zampe chiare. Durante la stagione riproduttiva gli adulti sfoggiano una livrea più colorata con piume arancioni sul vertice, sulla nuca e sul dorso, becco e zampe di colore carnacino. L'abito invernale è bianco con becco giallo.
Frequenta gli ambienti umidi ma anche i campi arati e seminati, dove sovente segue i trattori durante le fasi di lavorazione dei campi. Le colonie solitamente sono composte da una decina di esemplari. Come altri aironi si nutre di pesci, anfibi e invertebrati acquatici e terricoli, nonché di piccoli roditori che scova nei terreni agricoli in fase di lavorazione o seguendo mandrie di animali domestici o selvatici; talvolta si posa sul dorso del bestiame per nutrirsi di parassiti.

Albanella reale

L'*Albanella reale* (*Circus cyaneus*) è uno splendido rapace della famiglia Accipitridae. Di medie dimensioni (circa 50 cm di lunghezza), con struttura intermedia, ha una coda relativamente lunga e ali larghe in corrispondenza del "braccio" e più corte e arrotondate alla "mano" dove sono evidenti le remiganti. I due sessi presentano un evidente polimorfismo. Il maschio adulto è caratterizzato da una colorazione grigio chiaro-azzuro sulle parti superiori ad eccezione delle primarie più lunghe di colore nero, cera e zampe gialle che lo fanno apparire a distanza come un elegante rapace bianco. La femmina è prevalentemente marrone con striature più chiare e più scure. In entrambi i sessi la parte sopra la coda ha una vistosa barra bianca e sia le zampe che gli occhi sono di un giallo chiaro intenso.

Il volo di caccia è tipico del genere *Circus,* radente al terreno con battiti d'ala intervallati da planate con le ali leggermente rivolte all'insù. A differenza dei suoi congeneri, effettua anche scivolate ad ali piatte o incurvate verso il basso e procede in volo battuto per lunghi tratti. Predilige luoghi aperti di pianura e collina medio alta; in riproduzione frequenta maggiormente le aree palustri.

In Italia, come nella Provincia di Grosseto, non si attestano più casi di riproduzione. Si ciba di vari animali di palude, ratti, lucertole, piccoli uccelli, nidiacei e uova. Come molti altri accipitridi, è un uccello a rischio d'estinzione.

Alzavola

L'*Alzavola* (*Anas crecca*) è l'anatra più piccola fra quelle presenti in europa ma anche una delle più belle. La colorazione del maschio va dal verde metallico della fascia che circonda l'occhio, al marrone rossiccio del resto della testa. Il resto del corpo è grigio con dorso e fianchi vermiculati, addome bianco sporco e sottocoda crema chiaro. Le ali, marrone scuro e grigie, presentano uno specchio verde maggiormente visibile durante il volo. La femacula è quasi totalmente bruna, eccetto lo specchio alare verde comune al piumaggio del maschio. Predilige le zone umide di acqua dolce anche di modesta entità con fondali non molto profondi. Durante il periodo invernale si muove in grandi e rumorosi stormi associandosi ad altri anatidi. In Italia ed in Maremma è migratrice e svernante regolare; poche coppie nidificano nel Nord Italia tra la Pianura Padana e la fascia costiera adriatica.

Avocetta

L'*Avocetta* (*Recurvirostra avosetta*), è un elegante limicolo dal piumaggio bianco e nero dotato di un lungo e sottile becco nero rivolto all'insù, come suggeritto dal suo nome latino Recuvirostra, ossia "dal becco ricurvo".

Altra peculiarità è rappresentata dalle zampe di un bel colore azzurro insolitamente palmate per gli uccelli di ripa. È possibile incontrarla sia nelle zone umide di acqua dolce che in quelle costiere lagunari e altamente saline.

Per la Maremma è una specie migratrice, svernante e nidificante localizzata con poche coppie nella palude della Diaccia Botrona.

Ballerina bianca

La *Ballerina bianca* (*Motacilla alba*) è un passeraceo molto comune e diffuso in tutta l'Eurasia. Delle dimensioni di un passero ha però una forma slanciata e una lunga coda che agita ritmicamente durante gli spostamenti sul terreno. Proprio quest'ultima caratteristica le ha valso il nome dialettale di Batticoda. Il piumaggio è grigio cenere sul dorso, nero sulla gola, petto e nuca; ali e coda neri con margini bianchi e fronte, guance e le parti inferiori bianche.

Il giovane è bianco e grigio, con una mezzaluna scura sul petto e coda leggermente più corta rispetto all'adulto. Questo uccello insettivoro predilige gli ambienti prossimi all'acqua ma frequenta altri numerosi habitat adattandosi molto bene anche ad ambienti antropizzati come centri abitati, bordi di strade, dintorni di cascine o alpeggi e spesso costruisce il nido su fabbricati.
In Maremma è presente tutto l'anno.

Beccaccino

Il *Beccaccino* (*Gallinago gallinago*) è un limicolo di medie-piccole dimensioni con un piumaggio di colore bruno molto screziato e mimetico, zampe verdastre ed un lungo becco con cui sonda il substrato umido in cerca di prede che lo fa apparire poco proporzionato. Si può osservare in aree palustri, prati umidi, pascoli con presenza di pozze, bacini idrici di varie dimensioni e risaie.
È maggiormente attivo durante le ore crepuscolari. Caratteristico il suo volo a zig zag accompagnato dall'emissione di alcune aspre note (detto "bacio"). Si ciba di molluschi, crostacei, vermi, insetti e vegetali.
Nidifica tra l'erba e i giunchi, a volte tra l'erica. In Italia è specie migratrice e svernante, presente soprattutto tra Agosto ed Aprile. In Maremma sverna nelle zone umide della Diaccia Botrona, Orbetello, Parco della Maremma, Padule di Scarlino e la maggior parte delle altre zone umide minori.

Canapiglia

La *canapiglia* (*Anas strepera*) è un'anatra di superficie poco appariscente con caratteristico specchio alare bianco e nero. Il maschio è grigio scuro fittamente striato, la femmina bruna macchiata di nero, simile al giovane. Il becco del maschio è scuro, più chiaro quello della femmina e le zampe sono giallo arancio. Frequenta zone umide d'acqua dolce e salmastra, purché ricoperte da adeguata vegetazione emergente. La Canapiglia, nonostante le abitudini gregarie, non forma gruppi molto numerosi. Si ciba di sostanze vegetali, invertebrati e piccoli vertebrati, come anfibi e pesci. In Maremma quest'anatra è svernante e migratore regolare.

Cavaliere d'Italia

Il *cavaliere d'Italia* (*Himantopus himantopus*) è il limicolo per eccellenza. Rispetto alle dimensioni ha le zampe più lunghe di tutta l'avifauna: possono raggiungere anche i 30 cm di lunghezza. Durante il volo le lunghe zampe arancio intenso escono dalla lunghezza del corpo, dando al cavaliere d'Italia un aspetto elegante. Il becco è lungo, nero e sottile; il corpo ha le parti superiori nere che contrastano con le parti inferiori bianche. Il maschio si differenzia dalla femmina, in primavera ed estate, per la parte posteriore del capo nera.

Frequenta zone umide con fondali non molto profondi, sia di acqua dolce che salmastre. Il nido è rappresentato da una depressione scavata con le zampe e modellata dalla pressione del corpo, foderata di pochi steli e foglie, su un ciuffo d'erba dove può essere rapidamente aggiunto materiale se il livello dell'acqua cresce. Con l'arrivo della Primavera il maschio inizia a corteggiare la femmina con danze molto complesse ed eleganti e tra fine aprile e inizio giugno la femmina deporrà 3-4 uova di colore giallo-verde, macchiate di bruno scuro.
In Maremma il Cavaliere d'Italia nidifica nella maggior parte delle zone umide.

Cervo nobile

Il *Cervo* (*Cervus elaphus*) occupa un areale vastissimo, esteso da Europa e Nordafrica fino ad Asia centrale, Siberia, Estremo Oriente e Nordamerica.

Grande mammifero artiodattilo che può pesare fino a più di 200 kg e arrivare a 250 cm al garrese nei maschi adulti. I palchi, strutture analoghe ma non omologhe alle corna dei Bovidi, rappresentano la principale caratteristica dei maschi e hanno un ruolo importante nei rituali di combattimento. Nella stagione dei bramiti (i potenti suoni emessi dai cervi) i maschi dapprima si fronteggiano e si studiano in base alla potenza del proprio bramito: solo quando le capacità vocali si equivalgono i maschi si affrontano in campo aperto, ma anche a questo punto, prima di combattere, mettono in atto una serie di comportamenti rituali, ad esempio cominciano a marciare avanti e indietro lungo linee parallele per osservare le dimensioni delle corna e la robustezza dell'avversario.

In Italia frequenta di preferenza boschi di latifoglie alternati a vaste radure e pascoli, ma abita anche i boschi di conifere e, in Sardegna, nella macchia mediterranea con la sottospecie *corsicanus*, più piccola di quella continentale.

In Maremma il Cervo è presente solo con pochi capi frutto di immissioni recenti e limitate in un area compresa tra Vetulonia e Buriano. Negli anni Ottanta dello scorso secolo era segnalata una piccola popolazione nei pressi del Monte Amiata (Castell'Azzara) in un ampio recinto di una cooperativa da dove sembra che alcuni esemplari fuggirono per non lasciare traccia. Ad oggi ne restano alcuni individui al Parco Faunistico del Monte Amiata in stato di semi cattività.

Chiurlo

Il *Chiurlo maggiore* (*Numenius arquata*) con i suoi 50-60 cm di lunghezza è il più grande limicolo presente in Europa. Oltre che per le sue dimensioni il Chiurlo maggiore passa difficilmente inosservato anche per merito del suo lungo becco ricurvo verso il basso. Il piumaggio è criptico di colore bruno, con marcature più chiare e zampe grigio-verdognole. Anche il canto è caratteristico: una ripetuta frequenza di frasi gorgogliate (un crescente "curlì") con note flautate e trilli, che accellerano in crescendo. Non nidifica in Italia, ma è possibile avvistarlo durante l'inverno o quando fa sosta negli estuari e nelle distese fangose. Sebbene la sua alimentazione sia piuttosto varia, spesso dimostra una certa predilezione per gli anellisi policheti, che individua al tatto ed estrae abilmente dal fango con il lungo becco.

Si riproduce in brughiere, paludi e in praterie umide, nidifica in conche poco profonde nel terreno imbottite di vegetali. In Maremma è facilmente osservabile, in inverno, nei campi allagati e più asciutti che costeggiano le zone umide.

Cinghiale

Il *Cinghiale* (*Sus scrofa*) è un mammifero artiodattilo della famiglia dei Suidi.
Massiccio di color bruno più o meno scuro negli adulti, presenta un caratteristico mantello a strisce nei piccoli che facilità la mimetizzazione di questi nel fitto del bosco e sul terreno così da nascondersi dai predatori.
Il maschio adulto ha grandi canini (erroneamente chiamati "zanne") che fuoriescono dalla bocca e che fanno assumere a questo animale un aspetto minaccioso. In alcuni casi i canini inferiori possono arrivare a 30 cm di lunghezza. Ciascun piede è dotato di quattro zoccoli: due anteriori più grandi e robusti poggiano direttamente sul terreno mentre i due laterali più corti poggiano solo quando il cinghiale si muove su terreni morbidi (come le zone umide) favorendo una migliore distribuzione del peso ed impedendogli di sprofondare.
A causa di immissioni per fini venatori a partire dagli anni 50 del secolo scorso di individui di varie sottospecie diverse da quella originaria, la forma autoctona peninsulare si può dire scomparsa dalla quasi totalità del territorio. La popolazione originaria presente in Maremma è da considerasi un ecotipo adattato fenotipicamente all'ambiente mediterraneo.

Cormorano

Il *Cormorano* (*Phalacrocorax carbo*), è un uccello della famiglia dei Phalacrocoracidae. Di grandi dimensioni con corpo nero e un becco ad uncino. Ben adattato sia all'acqua dolce sia salata caccia le sue prede (pesci) immergendosi ed inseguendole grazie alla sua spiccata abilità di nuotatore.
I cormorani hanno le piume permeabili e perciò, dopo le immersioni, passano molto tempo ad ali dispiegate ad asciugarsi le penne in una inconfondibile posa. Si cibano di una grande varietà di pesci ed è una delle poche specie di uccelli che può muovere gli occhi, ciò li aiuta nella caccia.
In Maremma è svernante e migratore; rari individui, soprattutto giovani, trascorrono qua l'estate.

Daino

Il *Daino* (*Dama dama*), è un elegante cervide di origine asiatica.
Dopo l'ultima era glaciale, la specie era del tutto estinta in Europa e la sua distribuzione comprendeva l'Asia Minore, la Persia, la Mesopotamia e l'Africa del nord; nel corso dei secoli, la specie è tuttavia stata a più riprese introdotta in tutta Europa dando luogo a numerose popolazioni riproduttive.
Il daino è una specie molto adattabile anche se tende tuttavia a preferire la aree boschive a prevalenza di latifoglie nelle quali siano presenti radure o comunque ampie zone aperte. I maschi, oltre a possedere delle "corna" a forma di pala e rivolte all'indietro con punte divergenti, sono più grossi e robusti delle femmine. I palchi cadono fra la fine di marzo e l'inizio di giugno, per essere rapidamente sostituiti da un nuovo paio più grosso e forte: inizialmente i nuovi palchi sono ricoperti dal cosiddetto velluto e riccamente vascolarizzati, ma col tempo il velluto si secca ed a partire dal mese di agosto l'animale comincia a strofinarli contro tronchi e rocce per liberarli da tale rivestimento ed essere così pronto per i combattimenti della stagione degli amori. Si nutre di erba, foglie, germogli e frutta. In Maremma è presente in diverse località come il Parco Interprovinciale di Montioni, il Parco della Maremma e la Riserva della Diaccia Botrona.

Falco di palude

Il *Falco di palude* (*Circus aeruginosus*) è un rapace tipico delle zone umide dove svolge quasi interamente il suo ciclo vitale. Volteggia sui canneti e gli specchi d'acqua aperti in cerca delle sue prede rappresentate da uccelli acquatici, rettili ed anfibi. Costruisce il nido nel folto del cannetto o negli strati erbacei più alti. La femmina, più grande del maschio, è di colore bruno rossiccio con testa e "spalle" color crema mentre il maschio ha le parti superiori di tre colori (nero, bruno e grigio) e visto da sotto appare molto chiaro. Entrambi i sessi hanno ali e coda piuttosto lunghe. Tipico il volo di corteggiamento dove il maschio offre una preda alla femmina tra spettacolari parate aeree.

In Maremma il Falco di palude è residente e nidificante.

Falco pescatore

Il *Falco pescatore* (*Pandion haliaetus*) è una specie cosmopolita. Rapace di ragguardevoli dimensioni raggiunge l'apertura di 180 cm.
Il piumaggio è tipicamente marrone scuro, quasi nero, nelle parti superiori e bianca in quelle inferiori; la testa è bianca con una mascherina marrone che attraversa l'occhio. Il becco è uncinato e di colore nero. Si nutre essenzialmente di pesci che afferra in veloci picchiate grazie agli artigli specializzati.

Nel 2011, dopo quarantadue anni dall'ultima nidificazione accertata e grazie ad un progetto di reintroduzione, il Falco pescatore è tornato a riprodursi in Italia proprio nella nostra Maremma all'interno del Parco dell'Uccellina. Adesso è possibile osservare questo imponente e bellissimo rapace gettarsi in picchiata sulle acque delle nostre zone umide ed afferrare la sua preda con i possenti artigli.

Fenicottero

Fenicottero (Phoenicopterus ruber), è un uccello dall'inconfondibile piumaggio bianco e rosa con zampe e collo molto lunghi. Oltre alla tipica colorazione del piumaggio l'altro carattere peculiare della specie è senz'altro il buffo becco incurvato verso il basso che possiede strutture analoghe ai fanoni di una balena con cui filtra il nutrimento dall'acqua con un particolare meccanismo. Vivono in grandi gruppi prevalentemente in aree umide salmastre. In Maremma è svernate, migratore ed estivante; nidificazione accertata nel 1994 nella laguna di Orbetello e recentemente nella palude della Diaccia Botrona.

Folaga

La *Folaga* (*Fulica atra*) è un rallide molto comune delle nostre zone umide. Possiede un piumaggio nero con numerosi riflessi e un caratteristico becco bianco che si potrae con una placca sulla fronte. Le zampe sono verdi-giallastre e le dita caratteristicamente lobate. Preferisce bacini di acque calme come stagni e laghi con molte piante acquatiche e una ricca vegetazione ripariale. Costruisce il nido nel folto della vegetazione acquatica. Si nutrono di piante e molluschi. Al di fuori del periodo riproduttivo diventano più gregarie formando gruppi di centinaia di individui.
In Maremma è una specie assai comune e nidificante.

Fringuello

Il *Fringuello* (*Fringilla coelebs*) è un piccolo passeriforme granivoro molto grazioso e comune in tutta Italia. Frequenta una grande gamma di habitat: boschi, siepi, campi coltivati, frutteti e ovunque ci sia della vegetazione e, soprattutto in inverno, le città dove è più facile trovare cibo.
Il maschio si differenzia dalla femmina per la livrea più colorata: il primo infatti ha testa grigio-azzurra, il groppone verdastro ed il petto di un rosa intenso.
Si nutre di semi e frutti.
In Maremma è frequente in quasi tutti gli ambienti ed è specie residente, svernante e nidificante.

Gabbiano comune

Il *Gabbiano comune (Chroicocephalus ridibundus*) è un laride di medie dimensioni più piccolo e slanciato del Gabbiano reale. Il maschio e la femmina hanno livrea identica con colorazione prevalentemente bianca, grigia e nera. In abito riproduttivo la testa assume una colorazione marrone scura con un anello bianco attorno all'occhio. Il becco e le zampe sono di colore rosso scuro e le ali ed il dorso sono grigio chiare. Molto comune sia sulle coste che nelle aree umide più interne è osservabile in Maremma prevalentemente durante la stagione invernale.

Gallinella d'acqua

La *Gallinella d'acqua* (*Gallinula chloropus*) è un'altra specie della famiglia dei Rallidi molto comune e diffusa. Si riconosce per il piumaggio nero-bluastro con un evidente macchia bianca nel sottocoda e fianchi bordati di bianco, il becco giallo con punta gialla e le zampe giallo-verdastre. Frequenta luoghi umidi: stagni, laghi, prati umidi e fossati e in generale terreni umidi e acque che scorrono lentamente con molte piante acquatiche. Si nutre di insetti acquatici, piccoli pesci, crostacei, molluschi e germogli di piante acquatiche. Come la Folaga, costruisce il nido nel folto della vegetazione acquatica preferibilmente presso la riva. Le gallinelle sono abili nuotatrici, ma sono molto veloci anche sul terreno e nel folto della vegetazione.
Specie estremamente comune in tutto il territorio maremmano.

Garzetta

La *Garzetta* (*Egretta garzetta*) è un uccello ciconiiforme della famiglia degli Ardeidi.
Il piumaggio è interamente bianco, il lungo becco è nero, come le zampe, mentre i piedi sono giallastri. Aiutandosi con le lunghe zampe e sfruttando la rapidità e la precisione dei colpi sferrati con il becco, caccia le sue piccole prede in acque basse. Si nutre di invertebrati, pesci, anfibi, rettili e piccoli mammiferi. Durante il suo volo lento e regolare, la garzetta ripiega il collo verso il corpo formando una caratteristica "S". Nidifica in colonie (anche assieme ad altre specie di ardeidi) su alberi, prevalentemente in ambienti acquitrinosi, costruendo grossi nidi fatti di rami secchi.
Questo candido airone è residente in Maremma e nidificante.

Germano Reale

Il *Germano reale* (*Anas platyrhynchos*) è forse l'anatide maggiormente conosciuto e viene considerato il capostipite di tutte le razze di anatre domestiche. Dimorfismo sessuale molto accentuato. Il maschio presenta un caratteristico capo verde metallico con becco giallo e collarino bianco. Il dorso è grigio marrone mentre il ventre e i fianchi sono chiari e vermicolati con uno specchio alare blu metallico. Le femmine svernano spesso più al sud dei maschi, e tornano soltanto più tardi nei siti di nidificazione.
Inoltre, questo fatto è peggiorato dalla mortalità elevata delle femmine durante l'incubazione.
In Italia la popolazione è in costante aumento.
In Maremma è l'anatra di superficie più comune.

Gruccione

Il *Gruccione* (*Merops apiaster*) è un variopinto uccello che giunge in Italia dall'Africa con la Primavera. Assieme al Martin pescatore è probabilmente l'uccello più bello e variopinto presente in Europa. Il piumaggio presenta numerosi colori: dal castano del dorso all'azzurro della parte inferiore con giallo, verde, nero, e arancione. Frequenta ambienti aperti con poca vegetazione arbustiva e alberi sparsi generalmente presso corsi fluviali. Si nutre prevalentemente di insetti, soprattutto imenotteri catturati in aria con sortite da un posatoio. Prima di mangiare il suo cibo, il gruccione rimuove il pungiglione dall'insetto con grande abilità.

Sono uccelli gregari e nidificano in colonie in terreni sabbiosi o comunque con granulometria fine dove scavano un cunicolo lungo anche 3-5 metri in fondo al quale depongono le uova. Nel territorio maremmano il Gruccione è migratore e nidificante.

Lepre

La *Lepre comune* (*Lepus europaeus*) non è come molti pensano un roditore, ma bensì un Lagomorfo come i conigli. I Lagomorfi a differenza di Roditori hanno due coppie di denti incisivi superiori invece che una, 5 dita nell'arto anteriore a differenza dei roditori che ne possiedono 4 e 4 dita nell'arto posteriore. La Lepre ha orecchie molto lunghe con una macchia scura all'estremità e resto del corpo color marrone chiaro; la parte dorsale della corta coda è nera mentre il sottocoda è bianco. Nonostante sia un formidabile corridore preferisce nascondersi dai predatori schiacciandosi tra l'erba e rimanendo immobile, fuggendo via solo in caso di estremo pericolo. I piccoli della Lepre, a differenza di quelli del Coniglio selvatico, anch'esso presente in Maremma, nascono già con gli occhi aperti e ricoperti dalla pelliccia e già poche ore dopo la nascita sono capaci di muoversi agilmente.

Luì piccolo

Il *Luì piccolo* (*Phylloscopus collybita*) è un piccolo passeriforme dall'inconfondibile richiamo che gli è valso, in Inghilterra, l'onomatopeico nome comune di Chiff Chaff. Il piumaggio è color olivastro-giallino e le sue zampe sono scure.
La striscia sugli occhi non è così marcata come nei suoi parenti.
Si nutre di ragni, piccoli insetti, larve e bacche.

Durante la stagione invernale abbandona la fascia collinare e scende in pianura dove si può osservare in disparati ambienti: dalle zone umide ai centri urbani saltellando tra le siepi e il terreno in cerca di cibo. Comune abitante della Maremma dove è più facile osservarlo in periodo migratorio ed in inverno.

Martin pescatore

Il *Martin pescatore europeo* (*Alcedo atthis*) è assieme al Gruccione il campione di bellezza tra i piccoli uccelli. Le piume sono sgargianti, di colori tra il blu e il verde, ma sul collo e sulla gola si notano evidenti macchie bianche. Le parti superiori presentano una colorazione che a seconda della rifrazione della luce può risultare blu brillante o verde smeraldo. Il petto, invece, ha una colorazione arancione vivace per i maschi, più castana per le femmine.

Come sottolinea il nome volgare della specie il Martin pescatore si nutre quasi esclusivamente di pesci che cattura tuffandosi sott'acqua come un proiettile azzurro ed utilizzando il suo forte becco appuntito come un pugnale. Il volo è rapido e rettilineo con battiti d'ala velocissimi ed è spesso accompagnato dal caratteristico richiamo "pii-pi", molto acuto. Specie comune in Maremma dove in inverno è possibile osservarlo pescare anche sulla costa marina.

Mestolone

Il *Mestolone* (*Anas clypeata*) è un'anatra comune molto bella e curiosa. Questa specie è inconfondibile a causa del suo grande becco a forma di spatola, unico tra gli anatidi presenti in Europa. Il maschio in livrea nuziale ha la testa verde, il petto bianco, il ventre e i fianchi castano-rosicci e gli occhi sono di color giallo molto chiaro. Sul volo, vengono rese visibili le penne anteriori dell'ala azzurro pallide, separate dallo specchio di color verde da un bordo bianco. Quest'anatra di superficie è strettamente migratrice e sverna molto più a sud del suo areale di nidificazione. Non è così gregario come altre anatre di superficie al di fuori della stagione della nidificazione e tende a formare solamente piccoli stormi.

La particolare forma a cucchiaio del becco, provvisto inoltre di setole lungo il bordo interno superiore e inferiore, consente al mestolone di filtrare l'acqua, spesso spostando il suo becco da un lato all'altro cibandosi di plancton ma anche di piccoli molluschi e insetti; la sua dieta comprende inoltre vegetali acquatici.

In Maremma è possibile osservarlo durante le migrazionie ed in inverno nella Palude della Diaccia Botrona, nella Laguna di Orbetello, nel Padule di Scarlino ed in altre aree umide.

Nutria

La *Nutria* (*Myocastor coypus*) è un mammifero roditore originario del Sud America. I primi esemplari furono importati in Italia nel 1928 per iniziare allevamenti commerciali finalizzati alla produzione di pellicce di Castorino, l'altro nome con cui è appunto conosciuta la Nutria nel nostro paese. Alcuni esemplari sono sfuggiti alla cattività ed hanno originato popolazioni stabili capaci di riprodursi in gran parte della nostra penisola. Questo grosso roditore dai brillanti incisivi arancioni, nonostante l'aspetto simpatico, rappresenta un serio problema per l'ambiente. L'abitudine di scavare cunicoli e gallerie sotterranee negli argini dei canali ha un impatto negativo sulla tenuta strutturale di questi, in particolare per il pericolo piene. La Nutria inoltre rappresenta un pericolo per le formazioni vegetali e per la nidificazione di alcune specie di uccelli acquatici (es. Mignattino piombato).

Oca selvatica

L'*Oca selvatica* (*Anser anser*) è un grande anatide diventato molto famoso grazie all'etologo Konrad Lorenz che con essa ha studiato il fenomeno dell'imprinting. È di colore grigio sulla parte superiore e biancastra nella parte inferiore. Il becco è di colore arancio. È tipica di ambienti umidi molto aperti ed in inverno frequenta anche i campi coltivati e prati allagati.

Durante la migrazione ed il periodo invernale ha un comportamento gregario, formando le classiche "V" nel cielo. Questo meccanismo, spostando continuamente l'elemento in testa permette di diminuire la resistenza dell'aria e quindi la fatica. In Maremma questo bellissimo anatide è un'importante presenza invernale con contingenti molto numerosi.

Pantana

Pantana (*Tringa nebularia*) è un limicolo di medie dimensioni appartenente all'ordine dei Caradriformi. Nel piumaggio estivo presenta una colorazione grigio marrone nelle parti superiori con qualche screziatura fine più chiara e altre macchiettature nerastre. Il petto è bianco con una copertura di fitte macchiettature nerastre e che sfumano gradatamente verso l'addome bianco. Le zampe sono giallo verdi e il becco lievemente curvato verso l'insù è grigio azzurro alla base e nerastro verso la punta. Nell'abito invernale la colorazione si presenta più uniforme.

È una specie piuttosto gregaria durante l'inverno e le migrazioni. Si alimenta cercando il cibo camminando nell'acqua poco profonda. Abbastanza facile da osservare sia in volo che quando è posato. In Maremma si può facilmente osservare durante le migrazioni.

Pavoncella

La *Pavoncella* (*Vanellus vanellus*) è un inconfondibile limicolo di media grandezza diffuso in buona parte dell'Europa. Frequenta le pianure, i vasti territori coltivati a campi e zone umide. Il carattere peculiare della pavoncella è la presenza di un buffo ciuffo di penne sulla nuca. Le parti inferiori del corpo sono bianche mentre il dorso è nero con riflessi porpora e verde smeraldo. Ben visibile la banda pettorale nera. Si nutre essenzialmente di coleotteri, di mosche e altri insetti, ma anche di ragni, lombrichi e altri invertebrati. Durante l'inverno è possibile osservare stormi numerosi di questi uccelli nutrirsi sui coltivi o nelle aree umide talvolta aggregati ai Pivieri dorati. In Maremma è una specie svernante piuottosto comune.

Pettegola

La *Pettegola* (*Tringa totanus)* è un uccello della famiglia degli Scolopacidi.
Ha un becco piuttosto lungo e sottile color arancio con la punta nera. La parte inferiore del piumaggio è bianca e marrone, mentre la parte superiore è marrone con macchie nere e grigie.
Le zampe sono di colore arancione.
La pettegola vive lungo le coste o presso gli specchi d'acqua. I suoi territori preferiti sono le paludi, le zone umide e i bacini.
Il nutrimento preferito di questo limicolo è rappresentato da insetti, vermi, lumache e altri molluschi che cattura con il suo lungo becco.
In Maremma la Pettegola si può osservare durante il periodo migratorio.

Pettirosso

Il *Pettirosso* (*Erithacus rubecula*) è un piccolo passeriforme dall'aspetto paffuto famoso per il suo petto e la fronte color arancio scuro. Il resto del piumaggio è di colore bruno oliva. Nei giovani manca la colorazione arancione e sono fortemente macchiettati. È uccello piuottosto confidente e quindi facilmente osservabile soprattutto durante il periodo invernale quando si spinge a cercare cibo fin dentro i centri abitati. I boschi di conifere sono il suo habitat naturale, ma è spesso presente anche in giardini, siepi, boschetti, boschi con sottobosco. Nidifica nei buchi o nelle spaccature di alberi, ai piedi delle siepi, nell'edera o anche in vecchi oggetti lasciati dall'uomore in poi.
In genere la femmina raggiunge il maschio nel suo territorio. È principalmente insettivoro, ma consuma anche bacche, frutta e cibo offerto dall'uomo come briciole di pane e semi.

Piro piro

Il *Piro piro piccolo* (*Actitis hypoleucos*) è un piccolo limicolo di colore bruno sul dorso fino sul petto con ventre bianco. Come gli altri limicoli abita le zone umide ed in inverno si può incontrare anche lungo i canali cittadini e le foci dei fiumi. Si nutre di invertebrati che cerca nel terreno umido grazie al suo becco di media lunghezza, correndo rapidamente e soffermandosi a tratti.
In Maremma è una specie comune, residente e nidificante.

Porciglione

Il *Porciglione* (*Rallus aquaticus*) è il rallide più elusivo presente in Maremma. Ha parti superiori marroni e parti inferiori bluastre con barre nere sui fianchi, un lungo becco color arancio e zampe munite di lunghe dita per spostarsi sulla vegetazione acquatica. Abita nel fitto dei cannetti, giuncheti ed altra vegetazione ripariale.

La sua presenza è però tradita dal buffo richiamo che fa onore al suo nome comune italiano:
il Porciglione infatti emette un suono molto simile allo stridere di un porcellino. Si nutre principalmente di insetti ed altri invertebrati acquatici nonché di piccoli anfibi e pesci. Presente in Maremma tutto l'anno nella maggior parte delle zone umide.

Saltimpalo

Il *Saltimpalo* (*Saxicola torquata*) è un piccolo passeriforme tipico delle zone aperte dove sceglie posatoi elevati (come pali appunto) da cui cacciare e difendere il territorio. Il maschio ha una testa nera e un anello bianco nel collo. La parte anteriore è colorata di rosso arancio. Le femmine hanno tutto il corpo di un colore bruno. Si nutre di insetti, ragni e vermi che cattura prevalentemente sul terreno o in volo.
In Maremma è residente e nidifcante.

Sgarza ciuffetto

La *Sgarza ciuffetto* (*Ardeola ralloides*) è un piccolo airone dal bel colore bianco, marrone e arancione. Le zampe e il becco nel periodo riproduttivo diventano azzurri e si sviluppa un ciuffo nucale di piume molto evidente. Il nido è costruito in garzaia, prevalentemente su arbusti di salice, ontano nero o altri alberi bassi.
Si nutre di pesci, rane, girini e invertebrati.
Caccia sia da ferma su posatoio rialzato, che camminando lentamente in acque basse.
In Maremma è migratrice, estivante e nidificante.

Spatola

La *Spatola* (*Platalea leucorodia*) è un uccello della famiglia dei Threskiornithidae molto singolare per la forma del suo becco: questo è a forma di spatola. L'estremità piatta e larga del becco, sondando l'acqua e il fondo della palude, permette alla spatola di avvertire la presenza della preda prima di catturarla. Quando la preda tocca la parte interna del becco lo stesso si chiude istantaneamente permettendone la cattura. Il piumaggio della spatola varia in base alla stagione: d'inverno è completamente bianco, mentre nella stagione riproduttiva sono presenti alcune macchie giallastre, principalmente alla base del collo e sulla nuca.
È facile confondere la spatola con un airone, specialmente con l'airone bianco maggiore, con cui ha in comune molti aspetti (dimensioni, habitat), ma basta guardare il becco per capire la specie avvistata: l'airone bianco maggiore ha il becco giallo a punta. In Maremma la Spatola è migratrice e svernante.

Spioncello

Lo *Spioncello* (*Anthus spinoletta*), è un piccolo passeriforme insettivoro della famiglia dei Motacillidae. Ha zampe scure e timoniere esterne bianche. Può essere confuso con la Pispola da cui si distingue per il sopracciglio biancastro più evidente anche durante la stagione invernale, periodo in cui i due uccelli condividono gli stessi habitat, e per il canto. Questo uccello è un comune svernante sul territorio maremmano principalmente in zone umide: paludi, prati allagati e lagune.

Totano moro

Il *Totano moro* (*Tringa erythropus*) è un limicolo con un areale di distribuzione molto vasto. Tra le varie specie di limicoli presenti in Italia e in Europa, la *Pantana* (*Tringa nebularia*), la *Pettegola* (*Tringa totanus*) ed il *Totano moro* (*Tringa erythropus*) sono tra le specie più comuni e facili da avvistare. Osservando il Totano moro si rimane colpiti dalla sua eleganza nei movimenti, dalla linea slanciata e dalle estremità (becco e zampe) particolarmente sviluppate. Il piumaggio è caratterizzato da una marcata variabilità stagionale. Gli adulti in periodo riproduttivo acquisiscono una tipica colorazione nera uniforme con piccole macchie biancastre sul dorso e sulle ali. Questa livrea, nella sua completezza, è piuttosto rara in Italia, in quanto, sia i migratori primaverili più tardivi sia quelli autunnali più precoci presentano ancora segni evidenti della muta in corso. In questo caso le piume invernali, assai più chiare, contrastano con quelle nere estive dando un piumaggio variegato inconfondibile.

Il becco, sottile e dritto, è bicolore: nero in punta e alla base e scarlatto alla base della mandibola inferiore. Le zampe sono vivacemente colorate di rosso corallo. Visible nelle zone umide maremmane durante le migrazioni primaverili ed autunnali e durante il periodo invernale.

Tuffetto

Il *Tuffetto* (*Tachybaptus ruficollis*) il più piccolo svasso presente in Europa. Ha becco corto e corpo tondeggiante. In abito nuziale i lati del capo e del collo sono rosso-castani e tipica è una macchia giallastra alla base del becco. L'abito invernale è invece più chiaro e uniforme. Come gli altri svassi ha l'abitudine di immergersi sott'acqua alla ricerca delle sue prede costituite da anfibi, pesci ed invertebrati. Usa immergersi anche per scomparire alla vista dei predatori, nuotando per poi riemergere tra la vegetazione; è inoltre in grado di mantenere fuori dall'acqua solo la testa a guisa di periscopio. All'inizio della Primavera costruisce un nido galleggiante ben nascosto tra la vegetazione acquatica e vi depone dalle 4 alle 6 uova. I piccoli appena nati vengono trasportati sulla schiena del genitore. In Italia, così come in Maremma, è specie parzialmente sedentaria e nidificante.

Volpe

La *Volpe* (*Vulpes vulpes*) è uno dei predatori cosmopoliti più diffusi assieme al Lupo. In Italia è diffusa in tutte le regioni, isole comprese e grazie al suo alto grado di adattabilità si può incontrare dalle alte quote montane alla costa, dalle aree umide ai centri abitati. Il colore, spesso rossiccio, va dall'arancio-ocra al marrone, a seconda degli individui e delle regioni. La gola, il ventre e l'estremità della coda sono generalmente bianche; quest'ultima è lunga e folta. Il muso è allungato e le orecchie sono triangolari ed estremamente mobili. Nonostante sia un carnivoro ha una dieta molto varia non disdegnando neanche bacche, frutti e rifiuti. Sul territorio maremmano è ormai famosa la piccola popolazione del Parco dell'Uccellina che, purtroppo, è stata abituata a ricevere cibo dai visitatori del parco diventando semi-domestica.

Testi consultati

Brichetti P. & Fracasso G., 2003. *Ornitologia Italiana* Vol. 1 Gaviidae-Falconidae. Alberto Perdisa Editore. Bologna

Brichetti P. & Fracasso G., 2004. *Ornitologia Italiana* Vol. 2 Tetraonidae-Scolopacidae. Alberto Perdisa Editore. Bologna

Brichetti P. & Fracasso G., 2006. *Ornitologia Italiana* Vol. 3 Stercorariidae-Caprimulgidae. Alberto Perdisa Editore. Bologna

Brichetti P. & Fracasso G., 2007. *Ornitologia Italiana* Vol. 4 Apodidae-Prunellidae. Alberto Perdisa Editore. Bologna

Brichetti P. & Fracasso G., 2008. *Ornitologia Italiana* Vol. 5 Turdidae-Cisticolidae. Alberto Perdisa Editore. Bologna

Brichetti P. & Fracasso G., 2010. *Ornitologia Italiana* Vol. 6 Sylviidae-Paradoxornithidae. Alberto Perdisa Editore. Bologna

Corsi F. & Giovacchini P., 1995. *Atlante degli Uccelli svernanti in provincia di Grosseto.* Inverni: 1988-89/1993-94. Amministrazione Provinciale di Grosseto e WWF Sezione di Grosseto. Edizioni Caletra, 249 pp

Giovacchini P. & Stefanini P., 2008. *La Protezione della natura in Toscana. Siti di Importanza Regionale e fauna vertebrata nella provincia di Grosseto.* Quaderni delle aree protette n°3, Provincia di Grosseto, 288 pp

Meschini E. & Frugis S. (Eds.), 1993. *Atlante degli uccelli nidificanti in Italia.* Supp. Ric. Biol. Selvaggina, XX: 1-344

Porciani M., Radi G. & Corsi F., 2006. *L'Avifauna del Padule di Scarlino* 1990-2005. Quaderni dell'Istrice 1. Laboratorio di Educazione Ambientale La Finoria e Provincia di Grosseto

Spagnesi M. & De Marinis A.M. (a cura di), 2002. *Mammiferi d'Italia.* Quad. Cons. Natura, 14, Min. Ambiente - Ist. Naz. Fauna Selvatica

MICROCOSMI
DELLA NATURA

1. VITALIANO GULLI, ENRICO BULGHERI, FABIO CIANCHI, WALTER DONATI, GIUSEPPE TOSI
Orchidee di Capalbio

2. G. BONELLI, A. DE BELLIS, G. NANNI
Monte Amiata · Le insalate di campo

3. G. BONELLI, A. DE BELLIS, G. NANNI
Le insalate di campo raccolte sull'Amiata in Toscana

Finito di stampare
nel mese di Giugno 2012
per conto di
edizioni
effigi